JN425174

커다란 나무 위에
반짝반짝 윤이 나는
갑옷을 입은 사슴벌레가
붕 날아와 앉았어요.

사슴벌레는 왜
나무로 날아오는
걸까요?

나뭇잎 위에 앉은 다우리아사슴벌레
다우리아사슴벌레가 나뭇잎 위에 앉아 있어요.

**04**

1령 애벌레가 허물을 벗고 2령 애벌레가 되었어요.

**05**

2령 애벌레가 허물을 벗고
3령 애벌레가 되었어요.

# 사슴벌레의 한살이

톱사슴벌레의 알이에요. 꼭 작은 달걀처럼 생겼지요?
2주가 지나면 알에서 애벌레가 나와요.
1령 애벌레가 3령 애벌레가 되려면 시간이 필요해요.
애벌레가 번데기가 되고 점차 점차 자라고 자라서 커다란
사슴벌레가 되는 과정을 자세히 살펴보아요.

**01**

엄마 톱사슴벌레가 낳은 알이에요.

**02**

알을 낳은 지 2주 정도가 지나면 애벌레가 나와요.
알에서 갓 나온 애벌레를 1령 애벌레라고 해요.

**03**

1령 애벌레가
먹이를 먹어요.

**06**

3령 애벌레가 번데기 방에서 아무것도 먹지 않고
번데기가 될 준비를 해요.

**07**

3령 애벌레가 허물을 벗고 번데기가 되었어요.

**11**

속날개를 펴고 몸을 말려요. 톱사슴벌레의 몸 색깔이
점점 갈색으로 변해요.

**12**

몸이 다 말라 단단해지고 몸 색깔이 갈색으로 변했어요.

**13**

밖으로 나온 톱사슴벌레는 나뭇진을 빨아 먹으며 살아가요.

**08**

번데기가 된 지 20여 일이 지나면 허물이
갈라지면서 톱사슴벌레의 머리가 나와요.

**09**

허물을 거의 다 벗었어요.

**10**

허물에서 몸이 완전히
빠져나왔어요.

## 감수 최재천

서울대학교 동물학과를 졸업하고 미국 펜실베이니아 주립대학에서 생태학 석사를, 하버드대학교에서 생물학 박사 학위를 받았습니다.
서울대학교 생명과학부 교수를 역임했으며 현재 이화여자대학교 에코과학부 석좌교수, 기후변화센터 공동대표로 있습니다.
2000년 대한민국 과학문화상, 2004년 대한민국 과학기술진흥훈장(도약상), 2007년 일본생태학회 우수논문상 등을 수상했으며,
2004년 과학문화재단-동아사이언스 제정 '닮고 싶고 되고 싶은 과학기술인'에 선정되었습니다.
저서로는 〈개미 제국의 발견〉, 〈인간은 왜 병에 걸리는가〉, 〈생명이 있는 것은 다 아름답다〉, 〈여성 시대에는 남자도 화장을 한다〉,
〈상상 오디세이〉 등 많은 작품이 있습니다.


## 글 꿈꾸는 초록이

자연과학을 전공한 과학 전문 출판인들의 모임입니다.
오랜 세월 녹색 환경과 생태에 관심을 가지고 많은 자연과학 및 생태 관련 서적을 출판하였으며
오늘도 어린이들에게 자연의 아름다움과 꿈을 키워 주기 위해 노력하고 있습니다.


## 글 이정순

가톨릭대학교 화학과를 졸업하고 현재 아동 도서 기획 · 편집 및 과학 정보와 만화 구성 작가로 활동하고 있습니다.
〈만화 삼국지〉, 〈원리과학 시리즈〉 등을 편집했으며, 〈재미있는 식물 이야기〉, 〈재미있는 곤충 이야기〉 등의
만화 구성 원고를 집필했습니다. 오늘도 어린이들에게 재미있는 과학 이야기를 들려 주기 위해 노력하고 있습니다.


## 사진 오해용

2003년 한국곤충연구소 소장을 역임했으며, 세종문화회관 세계곤충대전을 개최했습니다.
2004년부터 2005년까지 여러 국립공원의 자연자원조사를 했으며,
2006년 KBS 환경스페셜 〈하늘 정원의 비밀〉 및 각종 다큐멘터리의 곤충 큐레이터로 활동했습니다.
또 2007년에는 월간 〈자연과 생태〉에 〈곤충을 찾아서〉라는 코너를 연재했습니다.
현재 동식물의 생태를 전문으로 촬영하는 사진 작가로 활동하고 있습니다.

## +UP 자연속으로 숲속의 씨름 대장 사슴벌레

**감수|** 최재천 **글|** 꿈꾸는 초록이 · 이정순 **사진|** 오해용 **그림|** 김윤희 · 홍성지 · 안우정
**펴낸이|** 최학용 **펴낸곳|** 키즈탄탄 주식회사 **출판등록|** 제2022-000051호
**주소|** 서울특별시 금천구 가산디지털1로 30, 901호 **TEL|** 031-341-1025
**홈페이지|** www.tantani.com
**편집 책임|** 이정순 **편집|** 김미연 · 정진미 · 이수정 · 이주연 · 박지은 · 강효임 · 오유리 **교정|** 박사례
**디자인|** 천현정 · 강경진 · 왕효수 · 이영희 · 명희경 · 한옥현 · 전경숙 **조판|** 민정희 **포토 리서치|** 홍수진 시몽포토에이전시

**사진제공**
내서널지오그래픽 · 멀티비츠이미지 · 시몽포토에이전시 · 유로크레온 · 이미지클릭 · 타임스페이스 · 토픽포토에이전시 · 삼성미술관 ·
Alamy Images · Animals Animals · corbis · Photolibrary · The Image Bank · The Nature Picture Library

키즈탄탄 주식회사는 어린이 그림동화 전문 출판사입니다. 이 책은 저작권법에 따라 보호받는 저작물이므로,
이 책의 전부 또는 일부를 무단으로 복사, 복제, 배포하거나 전산장치에 저장할 수 없습니다.
책 모서리가 날카롭고 무거워 다칠 수 있으니 사람을 향해 던지거나 떨어뜨리지 마십시오. 보관 시 직사광선이나 습기 찬 곳은 피해 주십시오.

ISBN 979-11-93042-15-1  ISBN 979-11-982571-0-9 74400 (세트)

숲속의 씨름 대장

# 사슴벌레

감수 최재천 | 글 꿈꾸는 초록이 · 이정순 | 사진 오해용

여원키즈탄탄

# 사슴뿔처럼 생긴 큰턱을 가졌어요

조용한 숲속!
어디선가 사슴뿔처럼 생긴
멋진 큰턱을 가진 사슴벌레가 움직여요.
큰턱만 멋진 것이 아니라 몸은 반짝반짝 빛나는
단단한 껍데기로 덮여 있어요.

**나무줄기에 달라붙은 사슴벌레** 사슴벌레는 나뭇진을
무척 좋아하기 때문에 항상 나뭇진이 많은 나무를 찾아다녀요.

상식 톡톡

**사슴벌레의 큰턱은 모양이 다 똑같은가요?**
사슴벌레는 종류에 따라 큰턱의 모양과 크기가
달라요. 또 큰턱 안쪽에 있는 뾰족뾰족한 이빨
모양의 개수도 다르지요.

"난 곤충 씨름 대장 사슴벌레야. 모두 덤벼!"
"뭐, 네가 곤충 씨름 대장이라고? 누가 이기는지 겨뤄 보자."
사슴벌레가 큰턱을 세우고 곤충들과 싸움을 해요.
대부분의 곤충들은 힘센 사슴벌레에게 지지만
장수풍뎅이는 만만치 않은 상대랍니다.

**장수풍뎅이와 싸우는 사슴벌레** 장수풍뎅이는 힘이 매우 세서 곤충 씨름 대장 사슴벌레도 이기기가 힘들어요.

**나방과 만난 넓적사슴벌레**  나방도 나무의 진을 빨아 먹기 때문에 나뭇진을 좋아하는 사슴벌레와 만나는 경우가 있어요.

**털두껍하늘소 뒤를 쫓는 애사슴벌레**
털두껍하늘소도 나뭇진을 먹기
때문에 사슴벌레와 만나는 경우가
많아요.

# 붕붕, 먹을 것을 찾아 날아가요

"아이, 배고파. 먹을 것이 없을까?
쿵쿵, 어디선가 맛있는 나뭇진 냄새가 나는걸."
더듬이를 세운 사슴벌레가 나뭇진의 냄새를 맡고,
딱지날개를 활짝 펴 나뭇진이 있는 곳으로 붕 날아가요.

**더듬이를 세우고 있는 톱사슴벌레** 사슴벌레는 더듬이로 먹이가 되는 나뭇진의 냄새를 맡아요.

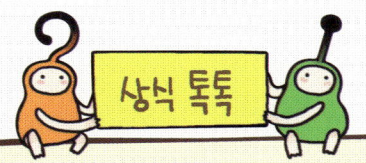
어떤 곤충들이 나뭇진을 먹고 살까요? |
여러 종류의 곤충이 나무에 모여들어 나뭇진을
먹고 살아요. 그런데 나뭇진에 모여드는 곤충의
종류는 낮과 밤이 달라요. 낮에는 나비, 꽃무지,
개미, 말벌 등이 모여들어 나뭇진을 먹고, 밤에는
나방, 사슴벌레, 장수풍뎅이, 하늘소 등이
모여들지요.

**먹이를 찾아 날아가는 넓적사슴벌레** 사슴벌레는 딱딱한 딱지날개와 크고 가벼운 속날개를 활짝 펴고 먹이를 찾아 날아가요.

"와, 드디어 나뭇진을 찾았다."
나무에 내려앉은 사슴벌레가 붓처럼 생긴 작은턱으로
나뭇진을 맛있게 핥아 먹어요.
"우아, 맛있다!"
사슴벌레는 나뭇진을 먹고 또 먹어요.

**나뭇진을 먹는 넓적사슴벌레** 나뭇진은 나무에서 흘러나오는 물이에요. 사슴벌레는
작은턱이 붓처럼 생겨 나뭇진을 잘 핥아 먹을 수 있어요.

오줌을 싸는 두점박이사슴벌레  먹이를 잔뜩 먹은
두점박이사슴벌레가 오줌을 싸요.

엄마랑
퀴즈랑

사슴벌레는 무엇을 먹고
사나요?
(정답은 49쪽에 있습니다.)

25

# 저리 가, 여긴 내 땅이야!

나뭇진이 많은 나무는 짝짓기를 할 암컷을 만날 수 있는 중요한 장소예요.
그래서 수컷 사슴벌레는 이곳을 차지하기 위해 싸움을 해요.
"여긴 내 땅이야. 저리 가!" "말도 안 돼. 여긴 내가 먼저 찜했다고."
수컷 사슴벌레들이 큰턱을 쿵쿵 부딪치며 한판 승부를 벌여요.

**나무에서 만난 수컷 톱사슴벌레들** 나뭇진이 많이 나오는 나무를 차지하기 위해 수컷 사슴벌레들이 싸움을 해요. 다른 수컷 사슴벌레가 날아오자
먼저 이곳에 와 있던 수컷 사슴벌레가 길을 막아요.

**큰턱으로 싸움을 하는 수컷 사슴벌레들**
수컷 사슴벌레 두 마리가 큰턱을 부딪치며
싸움을 하고 있어요.

**다른 수컷 사슴벌레를 들어 올리는 사슴벌레** 수컷 사슴벌레는 서로 상대를 밀어붙이며
싸우다가 먼저 큰턱으로 상대를 번쩍 들어 올려 땅으로 던지는 쪽이 이겨요.

# 두근두근, 내 짝을 만났어요

"휴, 겨우 쫓아냈네."
싸움에서 이긴 수컷 사슴벌레는 나뭇진을 먹으러 날아온 암컷을 만나요.
"어서 오세요, 사슴벌레 아가씨. 당신이 오기를 손꼽아 기다렸어요."
서로 마음에 든 사슴벌레 암컷과 수컷은 짝짓기를 해요. 그리고 얼마 뒤,
암컷 사슴벌레는 죽은 참나무에 구멍을 뚫고 알을 낳아요.

**짝짓기를 하는 톱사슴벌레** 암컷의 등 위로 올라간 수컷은
다리로 암컷을 꽉 잡고 짝짓기를 해요.

**짝짓기를 하는 넓적사슴벌레** 넓적사슴벌레 한 쌍이 V 자 모양으로 짝짓기를 하고 있어요.

**알을 낳는 톱사슴벌레 암컷** 암컷은 큰턱으로 나무껍질을 갉아서 구멍을 만든 다음 구멍 속에 산란관을 박고 알을 1개씩 낳아요.

엄마랑 퀴즈랑

암컷 사슴벌레는 무엇을 나무에 박고 알을 낳나요?

(정답은 49쪽에 있습니다.)

# 영차 영차, 사슴벌레가 되어요

"와, 드디어 세상에 나왔어. 나도 엄마, 아빠처럼
멋진 사슴벌레가 될 테야."
알에서 나온 톱사슴벌레 애벌레는 자신이 태어난 나무의 속살을
파먹으며 똥도 싸면서 무럭무럭 자라지요.

01 엄마 톱사슴벌레가 낳은
알이에요.

02 알을 낳은 지 2주 정도가 지나면
애벌레가 나와요. 알에서 갓
나온 애벌레를 1령 애벌레라고
해요.

03 1령 애벌레가 먹이를 먹어요.

04 1령 애벌레가 허물을 벗고 2령
애벌레가 되었어요.

05 2령 애벌레가 허물을 벗고 3령
애벌레가 되었어요.

06 3령 애벌레가 번데기 방에서
아무것도 먹지 않고 번데기가
될 준비를 해요.

07 3령 애벌레가 허물을 벗고
번데기가 되었어요.

08 번데기가 된 지 20여 일이
지나면 허물이 갈라지면서
톱사슴벌레의 머리가 나와요.

톱사슴벌레 애벌레는 자라면서 허물을 홀라당홀라당 벗어요.
허물을 두 번 벗은 3령 애벌레는 몇 개월이 흐른 뒤
허물을 벗고 번데기가 되지요.
번데기가 된 지 20여 일이 지나면
두두두두 허물이 갈라지고 멋진 톱사슴벌레가 나와요.
이제 톱사슴벌레는 나무속에서 나와 푸른 숲속에서 살아가요.

**09** 허물을 거의 다 벗었어요.

**10** 허물에서 몸이 완전히 빠져나왔어요.

**11** 속날개를 펴고 몸을 말려요. 톱사슴벌레의 몸 색깔이 점점 갈색으로 변해요.

**12** 몸이 다 말라 단단해지고 몸 색깔이 갈색으로 변했어요.

**13** 밖으로 나온 톱사슴벌레는 나뭇진을 빨아 먹으며 살아가요.

아름다운 뮤엘러리사슴벌레

# 앗, 적이 나타났어요!

갑옷을 입은 듯한 단단한 몸, 사슴뿔처럼 생긴 큰턱을 가지고 있는
사슴벌레에게도 들쥐, 두더지 등 적이 많아요.
사슴벌레는 적이 나타나면 꼼짝도 하지 않고 죽은 척해요.
적을 속이는 사슴벌레의 지혜가 놀랍지요.

**죽은 척하는 톱사슴벌레** 톱사슴벌레가 나뭇잎 위에 떨어져 죽은 척하고 있어요. 사슴벌레는 적이 나타나면 죽은 척 꼼짝도 하지 않아요.

**나무속의 톱사슴벌레 애벌레**  사슴벌레 애벌레도 적이 많아요. 딱따구리는
나무를 쪼아 나무속에 있는 사슴벌레 애벌레를 잡아먹어요.

# 난 이렇게 생겼어요

"난 사슴뿔처럼 생긴 큰턱이 있고 몸을 싸고 있는 껍데기도 단단해.
그리고 발톱이 크고 날카로워 나무에 잘 붙을 수 있어."
곤충 씨름 대장 사슴벌레가 생김새를 뽐내고 있어요.
사슴벌레가 어떻게 생겼는지 알아볼까요?

**큰턱** 수컷에 비해 작고 짧아요.
이것으로 알을 낳을 나무 구멍을
파요.

**작은턱** 붓처럼 생긴 작은턱으로
나뭇진을 핥아 먹어요.

**더듬이** 냄새를 맡는 일을 하며
여러 갈래로 갈라져 있어요.

**겹눈** 머리에 2개 있어요.

**다리** 매우 강하고, 크고 날카로운 발톱이 있어
나무에 잘 붙어 있을 수 있어요.

**암컷 사슴벌레**
수컷보다 크기가 작아요.

**딱지날개**

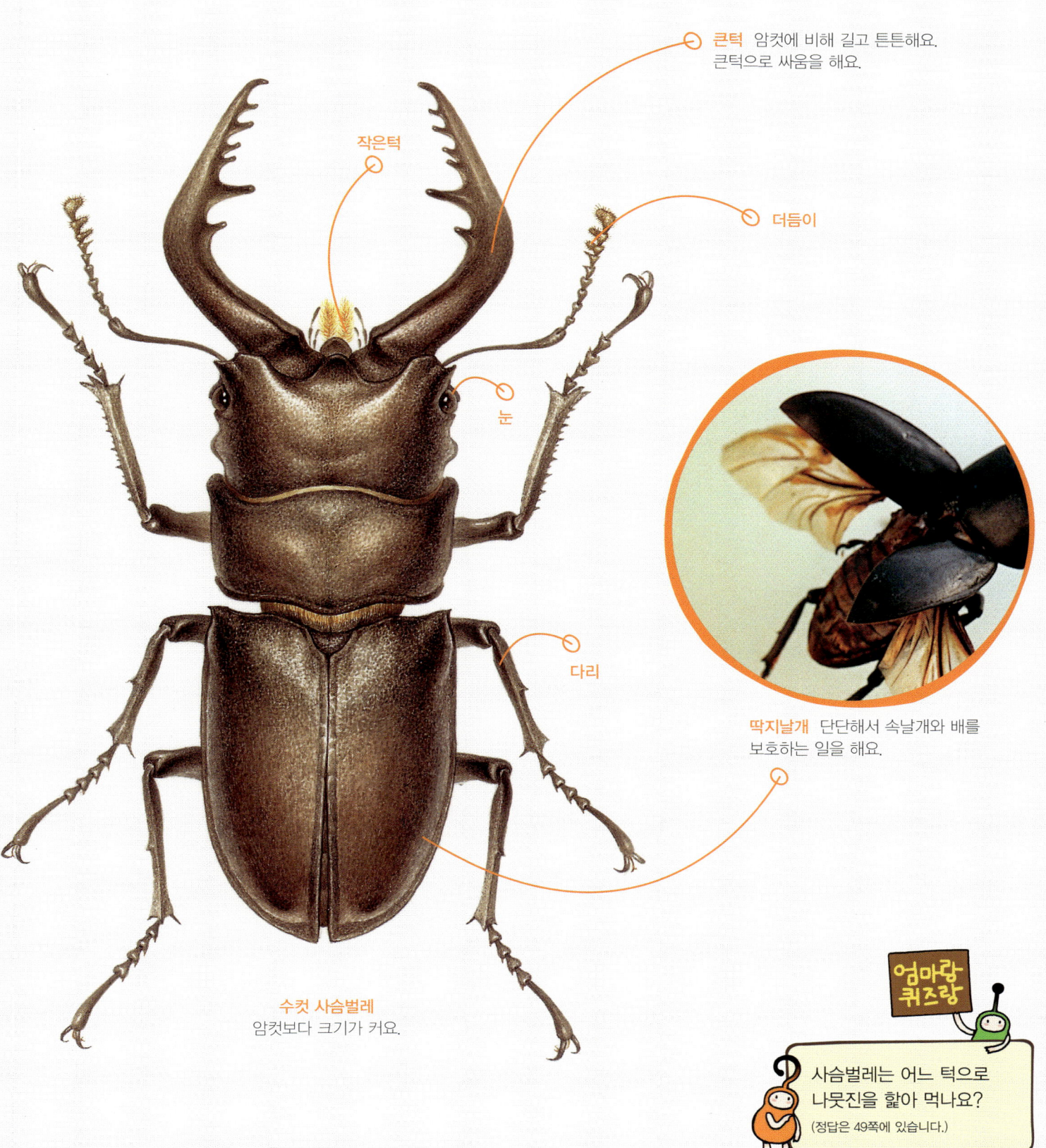

큰턱 암컷에 비해 길고 튼튼해요.
큰턱으로 싸움을 해요.

작은턱

더듬이

눈

다리

딱지날개 단단해서 속날개와 배를
보호하는 일을 해요.

수컷 사슴벌레
암컷보다 크기가 커요.

엄마랑
퀴즈랑

사슴벌레는 어느 턱으로
나뭇진을 핥아 먹나요?
(정답은 49쪽에 있습니다.)

# 🐞 우리는 모두 사슴벌레 친구예요

"우리는 생김새가 조금씩 다르지만 모두 나뭇진을 좋아하는 사슴벌레야."

우리나라에 사는 사슴벌레들이 모두 모여 멋진 모습을 뽐내고 있어요.

어떤 사슴벌레들이 모였는지 알아볼까요?

**애사슴벌레** 암컷과 수컷 모두 광택이 적은 검은색이며, 사슴벌레 중 작은 편에 속해요.

**두점박이사슴벌레** 제주도에서만 사는 사슴벌레로, 환경부에서 보호 동물로 지정했어요.

**톱사슴벌레** 몸 빛깔은 붉은빛 또는 검은빛이 도는 갈색이고, 사슴벌레 중 성격이 가장 급해요.

**비단사슴벌레** 수컷은 등 표면이 남색을 띤 검은색이고, 암컷은 녹색을 띤 황색 또는 남색을 띤 검은색이에요.

**꼬마사슴벌레** 다른 사슴벌레보다 몸집이 작아요.

**홍다리사슴벌레** 배 쪽 부분과 다리에 붉은색이 나타나기 때문에 홍다리(붉은다리)사슴벌레라고 불러요.

"안녕? 우리는 다른 나라에서 온
 사슴벌레야. 생김새가 멋지지 않니?"
전 세계에는 특이한 사슴벌레가 많아요.
어떤 사슴벌레들이 있는지 알아볼까요?

**뮤엘러리사슴벌레** 오스트레일리아에 사는 사슴벌레로 몸 전체가 무지개색 광택이 나고 보는 방향에 따라 색깔이 달라져요.

**기라파사슴벌레** 동남아시아 지역에 살아요.

**람프리마사슴벌레** 파푸아 뉴기니 등지에서 살며, 황금색, 녹색, 붉은색 등 다양한 색깔이 있는 사슴벌레예요.

# 사슴벌레랑 놀자!

## 사슴벌레

딱정벌레목 사슴벌렛과의 곤충을 통틀어 말해요. 사슴벌레, 톱사슴벌레 등이에요. 애벌레는 죽은 나무속에서 자라면서 속을 파먹다가 번데기 과정을 거쳐 어른벌레가 되어요. 어른벌레가 된 사슴벌레는 나무에서 나오는 진을 핥아 먹고 살지요.

# 사슴벌레와 장수풍뎅이는
# 왜 싸울까요?

사슴뿔처럼 생긴 큰턱을 가진 사슴벌레와 뿔이 머리에서 쭉 뻗어 나와 코뿔소처럼 생긴
장수풍뎅이를 본 적이 있나요? 사슴벌레와 장수풍뎅이는 숲속의 씨름꾼답게 서로 싸우는
경우가 많아요. 사슴벌레와 장수풍뎅이가 왜 싸우는지 알아볼까요?

사슴벌레는 원래 장수풍뎅이가 속하는 풍뎅이 무리와 같은 조상에서 갈라져 나왔어요.
그러나 시간이 지나면서 다른 무리로 나누어졌지요. 사슴벌레나 장수풍뎅이는 몸집이 크고 턱과 다리가
단단해 싸움을 무척 잘해요. 그리고 둘 다 나뭇진을 무척 좋아해요. 그래서 먹이가 풍부할 때는
잘 싸우지 않지만 먹이가 부족해지면 서로 먹이를 차지하려고 싸우지요.

→ 장수풍뎅이와 사슴벌레는 먹을 것을 차지하려고 잘 싸워요.

그럼 사슴벌레와 장수풍뎅이의 애벌레도 서로 싸울까요?
그렇지 않아요. 이 둘은 먹이가 서로 다르거든요. 사슴벌레 애벌레는 썩은 나무를 먹고 천천히 자라지만,
장수풍뎅이 애벌레는 연한 풀뿌리나 반쯤 썩어서 두엄처럼 된 식물을 먹고 자라요.

➡ 사슴벌레 애벌레

➡ 장수풍뎅이 애벌레

사슴벌레와 장수풍뎅이는 같은 점도 있어요. 무엇일까요?
사슴벌레나 장수풍뎅이의 몸을 만져 보면 딱딱한 느낌이 들어요. 이처럼 사슴벌레와 장수풍뎅이는
몸이 딱딱한 외골격(동물체의 겉면에 있는, 몸을 보호하기 위하여 딱딱해진 골격)으로 둘러싸여 있어요.
또 딱딱한 딱지날개가 있으며 딱지날개 속에 얇은 속날개가 들어 있지요. 사슴벌레나 장수풍뎅이는
나무나 풀에 앉아 있을 때에는 속날개가 보이지 않고 날아다닐 때 주로 보여요.
이것뿐만 아니라 한살이가 같아요. 알, 애벌레, 번데기 시기를 거쳐 어른벌레가 되는 갖춘탈바꿈을
하지요. 푸른 숲속의 경쟁자, 사슴벌레와 장수풍뎅이는 오늘도 날이 어두워지면 슬금슬금
먹이를 찾으러 나와요. 그러다 먹이를 사이에 두고 마주치면 서로 먹이를 차지하려고 온 힘을 다해
경쟁을 하지요.

# 사슴벌레를 길러 보아요

사슴벌레는 사슴뿔처럼 큰턱을 가지고 있어요. 그래서 사슴벌레라고 부르지요.
힘이 센 숲속의 씨름꾼 사슴벌레는 집에서 쉽게 기를 수 있어요.
자, 이제 사슴벌레를 어떻게 기르는지 알아볼까요?

##  이런 것이 필요해요

부엽토

사슴벌레

먹이(사과나 바나나
조각, 곤충 젤리 등)

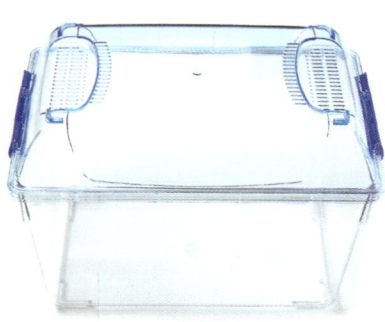

사육 상자

발효 톱밥

접시

놀이목          산란목

## 사슴벌레를 길러 보아요

**1** 사육 상자 바닥에 부엽토와 발효 톱밥을
깔아요.

**2** 먹이(사과나 바나나 조각, 곤충 젤리 등)를 넣어
주어요.

**3** 놀이목을 넣어요. 사슴벌레가 놀 수 있으며,
뒤집혔을 때 놀이목을 잡고 일어날 수 있어요.

**4** 사슴벌레 암컷과 수컷을 한 마리씩 넣어
사이좋게 지내게 해요.

**5** 사육 상자의 뚜껑을 덮어요.

**6** 짝짓기를 하는 모습을 보면 산란목을 묻어 주어요.
그러면 암컷 사슴벌레가 그 속에 알을 낳아요.

## ⭐ 주의할 점을 알아보아요

- 부엽토나 발효 톱밥은 항상 축축하게 적셔서 주어요. 그러나 습기가 너무 많으면 곰팡이나 벌레가 생기기 쉬우므로 적당히 주는 것이 좋아요. (습기는 부엽토나 발효 톱밥을 쥐었을 때 물이 나오면 안 되고, 손에 습기가 느껴질 정도가 알맞아요.)

- 사육 상자는 그늘진 곳에 두는 것이 좋아요.

- 사슴벌레를 손으로 자주 만지지 않아요.

# 곤충 박물관을 찾아가요

우리나라 여러 곳에 있는 곤충 박물관에 가면 큰턱이 멋진 사슴벌레를 볼 수 있어요.
사슴벌레의 생김새만 볼 수 있는 것이 아니라 알에서 태어나 자란 뒤 짝짓기를 하고
알을 낳는 모습도 볼 수 있지요.
지금부터 사슴벌레를 볼 수 있는 곤충 박물관을 찾아가 볼까요?

## ■ 강화 자연사 박물관 내 곤충 기증 특별전

인천광역시 강화군 하점면에 있는 자연사 박물관이에요. 이곳의 기획 전시실에서는 지금은 문이 닫힌 강화 곤충 박물관에서 전시되던 1,500여점의 곤충 표본을 볼 수 있어요. 돌아가신 곤충 수집가 박제원 선생님이 평생 동안 정성을 다해 수집한 국내 희귀 곤충과 전 세계의 희귀 곤충들을 보며 곤충의 다양성을 느낄 수 있답니다.

➡ 강화 자연사 박물관에서는 우리나라에 사는 사슴벌레는 물론 외국에 사는 큰턱의 모양이 가위를 닮은 메탈리퍼사슴벌레의 표본을 볼 수 있어요.

➡ 강화 자연사 박물관에서는 사슴벌레뿐만 아니라 장수풍뎅이도 볼 수 있어요. 모양이 땅콩처럼 생긴 땅콩장수풍뎅이예요.

## ■ 무주 곤충 박물관

전라북도 무주군 설천면의 반디랜드 안에 있는 곤충 전문
박물관이에요. 지하 1층은 주 전시실로 반딧불이를 비롯해
전 세계 희귀 곤충 표본과 아주 오랜 옛날의 동식물 화석이
전시되어 있어요. 무주 곤충 박물관에서는 희귀한 곤충은
물론 암수가 한몸인 사슴벌레가 전시되어 있다고 해요.
사슴벌레 암컷과 사슴벌레 수컷이 따로 있는 것이 아니라
암수가 한몸이라니, 정말 신기한 일이지요.

➡ 암수가 한몸인 특이한 사슴벌레예요.
큰턱이 한쪽은 작고, 한쪽은 커요.

## ■ 구리시 곤충 생태관

경기도 구리시 수택동의 환경사업소 안에 있는 곤충 생태관으로 다양한 식물류와 나비류, 수서 곤충류,
사슴벌레를 비롯한 육상 곤충류 등을 관찰하고 여러 가지 체험을 할 수 있어요. 이곳에서는 방문한
어린이에게 환경 서약을 하도록 하여 환경에 대한 관심을 높이고 있지요. 또 학기 중과 방학 중으로
구분하여 야외 곤충 채집, 곤충 이름 알기, 곤충 표본 만들기 등의 교육 프로그램을 운영해요.
생태관에 있는 딱정벌레관에 들어서면 사슴벌레의 모습과 생태를 알 수 있을 뿐만 아니라 장수풍뎅이,
하늘소, 무당벌레 등 다양한 곤충을 볼 수 있어요.

➡ 곤충 생태관 앞에 사슴벌레,
무당벌레, 반딧불이 등 다양한
곤충 모형이 있어요.

## 사슴벌레는 언제 활동하나요?

사슴벌레는 대부분 밤에 활동하는 야행성 곤충이에요. 사슴벌레는 더운 낮에는 쉬다가 밤부터 새벽까지 나뭇진을 빨아 먹어요. 그러다가 날이 밝아 오면 먹는 일을 멈추고 나무 틈에 숨거나 나뭇잎 사이에 숨어서 잠을 자요.

## 사슴벌레는 주로 어디에서 볼 수 있나요?

사슴벌레는 도토리가 열리는 상수리나무나 졸참나무 같은 참나무에서 주로 볼 수 있어요. 그건 사슴벌레가 참나무의 진을 좋아하기 때문이에요. 참나무의 진은 사슴벌레뿐만 아니라 여러 곤충이 좋아하기 때문에 이 진을 먹으려는 곤충들끼리 싸움을 하기도 하지요.

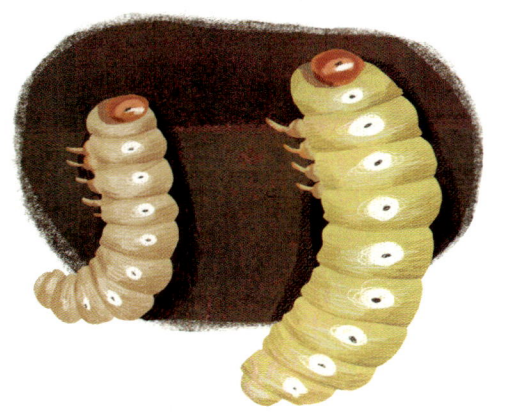

## 애벌레 때 몸집이 큰 사슴벌레는 어른이 되어서도 큰가요?

사슴벌레 애벌레는 먹이를 먹고 무럭무럭 자라요. 몸집이 커지면 몸을 감싸고 있는 허물을 벗으면서 어른벌레로 자라지요. 대부분 애벌레 때 많이 먹고 자란 사슴벌레가 애벌레 때 적게 먹고 자란 사슴벌레보다 어른 벌레가 되어서도 더 커요. 그러나 마냥 커지는 것이 아니라 어느 정도가 되면 더 이상 크지 않고 멈춰요.

수컷 번데기　　　암컷 번데기

## 사슴벌레 번데기를 보고 수컷과 암컷을 구별할 수 있나요?

사슴벌레 애벌레가 자라 번데기가 되어요. 그런데 이 번데기를 보고도 수컷과 암컷을 구별할 수 있어요. 사슴벌레 수컷의 번데기는 큰턱이 크며 집게 모양으로 갈라져 있고 사슴벌레 암컷의 번데기는 큰턱이 짧기 때문이지요.

## 사슴벌레의 더듬이가 부러지면 어떻게 되나요?

사슴벌레는 더듬이로 나뭇진의 냄새를 맡고 방향을 알아요. 그런데 더듬이가 부러져 없어지면 냄새를 맡지 못하고 방향도 찾지 못해 길을 잃어버리고 말지요.

## 사슴벌레가 점점 사라지는 까닭은 무엇인가요?

오늘날 산업이 발달함에 따라 사람들이 도로를 만들고 공장과 아파트를 지으면서 숲이 사라지고 있어요. 숲이 사라지면 사슴벌레가 살 곳도 없어지지요. 사슴벌레가 살 곳이 사라지면서 사슴벌레도 점점 이 세상에서 자취를 감추는 것이지요. 사슴벌레가 살 수 있는 곳을 만들려면 숲을 보호하고 곤충을 사랑하는 마음을 가져야 해요.

## 사슴벌레 애벌레는 어떻게 겨울을 나나요?

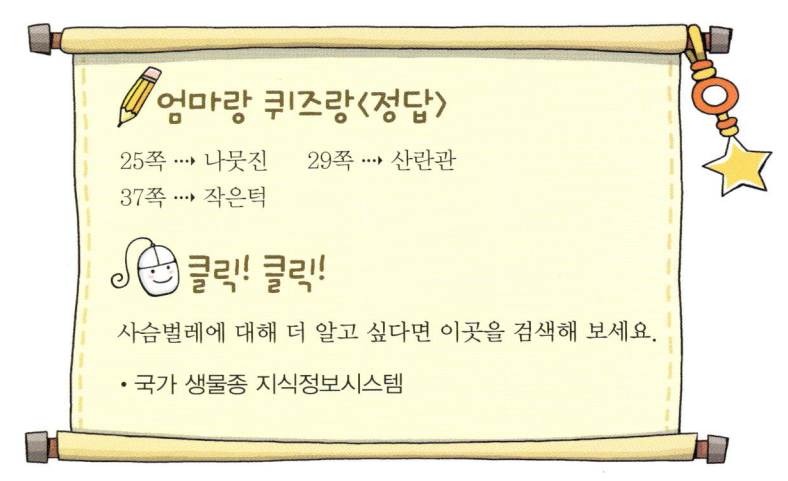

사슴벌레 애벌레는 썩은 나무속에서 나무를 갉아 먹으며 자라요. 휭휭 찬 바람이 불어오면 애벌레는 어떻게 겨울을 날까요? 나무속에 있으니까 겨울이 오는지 몰라서 계속 나무를 갉아 먹으며 자랄 것 같지요? 하지만 사슴벌레 애벌레도 추운 겨울이 오면 활동을 멈추고 쿨쿨 겨울잠을 자요.

✏️ **엄마랑 퀴즈랑 〈정답〉**

25쪽 ┅→ 나뭇진     29쪽 ┅→ 산란관
37쪽 ┅→ 작은턱

😊 **클릭! 클릭!**

사슴벌레에 대해 더 알고 싶다면 이곳을 검색해 보세요.

• 국가 생물종 지식정보시스템